Gewißheit im Glauben – Wie erfährt man das?

Bill Bright

Mitteilbare Konzepte

Hänssler-Verlag
Neuhausen–Stuttgart

Campus für Christus

Deutschland
Schiffenberger Weg 11
D-6300 Lahn-Gießen 1

Schweiz
Susenbergstraße 93
CH-8044 Zürich

Auslieferung:

Deutschland
Hänssler-Verlag
Postfach 1220
D-7303 Neuhausen-Stuttgart

Schweiz
Schwengeler-Verlag
Rosenberg
CH-9442 Berneck

Bestellnummer 83 320
ISBN 3 · 88404 007–3

1. überarbeitete Taschenbuchauflage 108. – 128. Tausend
Umschlaggestaltung von Peter Pohle
Umschlagfoto von Robert Luedtke
Gesamtherstellung: Ebner Ulm

INHALT

Was ist ein mitteilbares Konzept?

Als unser Herr den elf Männern, die ihm bei seinem irdischen Dienst am meisten zur Seite standen, den Auftrag gab, in alle Welt zu gehen und aus allen Völkern Jünger zu machen, befahl er ihnen auch, diese neuen Jünger alles zu lehren, was er ihnen befohlen hatte.*

Später schrieb der Apostel Paulus die gleichen Anweisungen an Timotheus: »Und was du von mir gehört hast..., das befiehl treuen Menschen an, die da tüchtig sind, auch andere zu lehren.«**

Durch Seelsorge und Gespräche mit Tausenden von Christen haben unsere Mitarbeiter in über zwanzigjähriger Arbeit festgestellt, daß viele Christen keine Gewißheit über ihre persönliche Beziehung zu Christus haben. Sie führen ein von Niederlagen und Enttäuschungen gekennzeichnetes Leben und wissen nicht, wie sie anderen ihren Glauben auf wirksame Weise mitteilen können.

Als Hilfe für die Bewältigung dieser Grundprobleme und zur Gewinnung und Zurüstung von Jüngern Christi hat Campus für Christus eine Serie von Büchern – die »Mitteilbaren Konzepte« – herausgebracht, in denen viele Grundwahrheiten behandelt werden, die von Jesus Christus und seinen Jüngern gelehrt wurden. Allerdings sind diese Bücher kein Ersatz für das tägliche persönliche Lesen in der Bibel.

Ein »Mitteilbares Konzept« könnte als eine Idee oder eine Wahrheit definiert werden, die man von einer Person bzw. von einer geistlichen Generation

*Matthäus 28, 18–20 **2. Timotheus 2,2

zur anderen weitersagen kann, ohne ihren ursprünglichen Inhalt zu entstellen oder zu verwässern.

Indem diese Grundwahrheiten durch Literatur, Filme und Tonkassetten in vielen Sprachen der Welt veröffentlicht werden, dürfen wir gewiß sein, daß Gott sie zur Umwandlung von Millionen von Menschenleben in aller Welt gebrauchen wird.

Wir möchten Sie ermuntern, den Inhalt jedes dieser Konzepte so zu beherrschen, daß Sie persönlich jederzeit in der Lage sind, sie an andere weiterzugeben, »die da tüchtig sind, auch andere zu lehren«. Hierdurch können unzählige Männer und Frauen erreicht und zu Jüngern Christi gemacht werden, und es kann damit ein bedeutsamer Beitrag zur Erfüllung des großen Missionsbefehls in unserer Generation geleistet werden.

Einleitung

Seit ich vor Jahren zu Christus gekommen bin, habe ich in Gesprächen mit Tausenden von Studenten und Berufstätigen festgestellt, daß die Mehrzahl treuer Kirchenbesucher, die wirklich Christus durch Gebet und Glauben angenommen haben, keine Gewißheit in bezug auf ihre Erlösung haben. Obwohl sie sich sehr darum bemühen, Gott zu gefallen, sind sie sich ihrer Beziehung zu Gott nicht sicher.

Ein dynamischer junger Geschäftsmann saß mir in meinem Büro gegenüber. Nach menschlichen Maßstäben war dieser junge Mann offensichtlich in seinem Beruf und in seinem Glauben äußerst erfolgreich. In seinem Spezialbereich gehörte er zu den führenden Leuten. Religiös und moralisch schien er unantastbar, und in seiner Gemeinde war er äußerst aktiv. Trotz allem hatte er keine Gewißheit in seinem Glauben. Obwohl er schon lange danach suchte, wußte er doch nicht, wie er diese Gewißheit finden konnte.

Zweifel an der persönlichen Beziehung zu Gott

Viele Christen in verantwortlichen Positionen und sogar viele Pfarrer haben die gleichen Zweifel in bezug auf ihre persönliche Beziehung zu Gott.

Ein Pfarrer, der über vierzig Jahre lang im Amt war, sagte mir, daß er noch immer keine Gewißheit über seine Beziehung zu Christus habe. Die Frau eines Evangelisten erzählte mir: »Während der vergangenen dreißig Jahre haben mein Mann und ich mit Tausenden über Jesus Christus reden können, aber ich habe nie die Gewißheit meiner eigenen Erlösung gehabt. Nie zuvor habe ich mit irgend jemandem darüber gesprochen, aber jetzt halte ich es einfach nicht mehr aus. Ich brauche Hilfe.«

Nach einer Ansprache über »Die Einzigartigkeit Jesu« hatte ich mit einem Studenten gebetet, der Christ werden wollte. Nach dem Gebet standen wir auf, und er sah mich hilflos und voller Zweifel an und sagte: »Ich fühle ja gar nichts. Wahrscheinlich hat Gott mein Gebet nicht gehört. Wie kann ich sicher sein, daß Christus wirklich in mein Leben gekommen ist?«

Woran liegt es, daß so viele alte und junge Menschen, die ganz aufrichtig Gott erfahren wollen und jahrelang nach ihm gesucht haben, keine Gewißheit haben? Ich bin davon überzeugt, daß dieser Mangel an Gewißheit auf falscher oder aber fehlender Information beruht. Damit meine ich die Information über Gott, wer er ist, über die Bedeutung der Kreuzigung und der Auferstehung Jesu und darüber, was es heißt, Jesus Christus als Erlöser anzunehmen.

Sie haben es nicht gewußt

Seit Beginn der Arbeit von Campus für Christus im Jahre 1951 wurden zahllose Studenten in Hunderten von Universitäten in vielen Ländern der Welt anhand einer Umfrage nach ihrer Meinung gefragt. Auf die Frage »Wie wird man Ihrer Meinung nach Christ?« haben über 89 Prozent der Studenten durch ihre Antworten gezeigt, daß sie nicht wußten, wie.

Hunger nach Gott

Die Tatsache, daß Männer und Frauen überall einen Hunger nach Gott haben, wird deutlich dadurch unterstrichen, daß fast jede Woche Tausende von Studenten und Berufstätigen allein im Rahmen dieser Bewegung schriftlich oder in persönlichen Gesprächen bestätigen, daß sie Christus im Gebet durch Glauben in ihr Leben eingeladen haben. Natürlich weiß nur Gott allein, wer von ihnen einen echten Glauben hat und wirklich ein Nachfolger Christi wird. Auf jeden Fall wird allen, die sich mit ihnen unterhalten, deutlich, daß sie ein echtes Verlangen haben, eine persönliche Beziehung mit Gott zu beginnen. Das gilt für die kleinsten Kinder bis hin zu den ältesten Erwachsenen.

Dieses Verlangen nach Gott wird von allen Menschen auf der ganzen Welt verspürt. Als ich kürzlich in Paris war, wurden mir die Auswertungsergebnisse einer religiösen Meinungsumfrage mitgeteilt. Viele der 400 000 Studenten waren befragt worden. Obwohl man mir sagte, daß nur wenige von diesen Studenten sich selbst als Christen bezeichnen, gaben gleichzeitig 60 Prozent an, sie hätten ein Verlangen, Gott persönlich kennenzulernen.

Vor einiger Zeit wurde in Korea ein Schulungskurs für persönliche Evangelisation durchgeführt. Die ca. 10 000 Teilnehmer haben während dieser Konferenz fast 42 000 Menschen angesprochen und ihnen das Evangelium anhand des Heftes »Die vier geistlichen Gesetze« mitgeteilt. Dies ist eine Erklärung der Liebe Gottes und der Vergebung, die uns durch Jesus Christus angeboten wird.

Von den damals angesprochenen Leuten haben mehr als 16 000 gebetet, um Christus ihr Leben anzuvertrauen.

Mangel an Information

Grundsätzlich bin ich der Meinung, daß Menschen deshalb keine Gewißheit in ihrer Beziehung zu Gott haben, weil es ihnen an richtigen und ausreichenden Informationen fehlt. Sie wissen nicht, daß Christentum keine Philosophie ist, kein ethischer Sittenkodex, kein moralischer Maßstab für eine Lebensleistung, sondern eine persönliche Beziehung zu Gott. Dieser Gott hat sich durch Jesus Christus den Menschen offenbart. Deshalb sind die historischen Tatsachen in bezug auf die Geburt Jesu, sein Leben, seinen Tod, seine Auferstehung und seine Wiederkunft von so großer Bedeutung. Entfernt man Buddha aus dem Buddhismus, Mohammed aus dem Islam und in ähnlicher Weise die anderen Religionsstifter aus ihrer Religion, dann wird kaum etwas verändert werden. Nimmt man aber Jesus Christus aus dem Christentum heraus, dann ist alles vollkommen bedeutungslos; denn Christ sein heißt, eine persönliche Beziehung zu dem auferstandenen Jesus Christus zu haben!

Wäre es möglich, daß Sie selbst sich Ihrer Beziehung zu Gott gar nicht sicher sind, obwohl Sie in einer christlichen Umgebung aufgewachsen sind und schon an ihn »geglaubt« haben? Wenn Sie in diesem Augenblick sterben würden, wüßten Sie, was nach Ihrem Tod mit Ihnen geschieht? Haben Sie die Gewißheit, daß Jesus Christus gerade jetzt in Ihnen lebt und daß Sie ein Kind Gottes sind?

Vielleicht haben Sie erst kürzlich zu einer lebendigen Beziehung mit Jesus Christus gefunden und wissen noch gar nicht so recht, was sich da eigentlich abgespielt hat. Sie haben keine Gewißheit Ihrer Erlösung und sind sich absolut nicht im klaren, ob Sie ewiges Leben haben.

Von den vielen Studenten, Pfarrern und Gemeindegliedern, die an unseren verschiedenen Konferenzen teilnehmen, bestätigen im Laufe einer solchen Konferenz viele, daß sie sich ihrer Beziehung zu Gott nicht sicher sind. Sie glauben zwar bereits an Christus, aber sie sind sich ihrer Erlösung nicht gewiß.

Dreifache Hingabe

Wenn Sie zu der großen Zahl derer gehören, die immer noch nach einer Beziehung mit Gott suchen, dann können die nächsten Augenblicke für Sie die wichtigsten Ihres ganzen Lebens sein. Vielleicht haben Sie sich schon oft gefragt: Wie wird man überhaupt Christ? Nun, in Jesus Christus hat Gottes Liebe und Vergebungsbereitschaft Gestalt angenommen. Und jemand wird Christ, wenn er diese Liebe und Vergebung Gottes bewußt für sich in Anspruch nimmt. Er kann das tun, indem er Jesus Christus durch Gebet und in einer Haltung des Vertrauens[1] als seinen persönlichen Herrn annimmt und ihn bittet, sein Leben nach seinem Willen umzugestalten. Dies führt zu einer dreifachen Hingabe, nicht an eine Weltanschauung, sondern an eine Person, nämlich Jesus Christus. Diese Hingabe an ihn wird durch eine Entscheidung des Verstandes, des Gefühls und des Willens ausgedrückt. Die Voraussetzungen für eine persönliche Beziehung zu Christus könnten gut mit den Voraussetzungen für eine Eheschließung verglichen werden. Auch hier müssen dieselben drei Aspekte vorhanden sein: Verstand, Gefühl und Wille. Ein Mann könnte zum Beispiel vom Verstand her davon überzeugt sein, daß die Frau, die er heiraten möchte, genau die »Richtige« für ihn ist. Auch sein Gefühl kann mit einbezogen sein, so daß er sie wirklich von ganzem Herzen liebt. Aber eine Ehe erfordert mehr als nur den Verstand und das Gefühl: Sie schließt den Willen mit ein. Erst wenn der Mann und die Frau sich in einer Willensentscheidung öffentlich gegenseitig verpflichten, werden sie Mann und Frau. Entscheidend ist das sogenannte »Ja-Wort«. Genauso ist es mit unserer Beziehung zu Jesus Christus. Es reicht nicht aus, nur verstandesmäßig an Christus zu glauben, auch dann nicht, wenn man eine gefühlsmäßige Erfahrung gehabt hat. Beide sind wohl gültig, aber man wird erst dann Christ, wenn man eine Willensentscheidung fällt und Jesus als seinen Herrn und Erlöser annimmt.

I. Entscheidung des Verstandes

Wir wollen diese drei Aspekte der Hingabe noch etwas ausführlicher miteinander betrachten. Zunächst muß man, wenn man Christ werden will oder aber die Gewißheit haben möchte, daß man Christ ist, ein klares Verständnis der Dinge haben, die dazu gehören. Christentum ist kein »blinder Glaubenssprung«. Viele führende Wissenschaftler haben ihre Lebensaufgabe darin gesehen, das Leben, die Lehre, den Tod und die Auferstehung sowie den Einfluß Jesu von Nazareth zu untersuchen. Deshalb liegen uns mehr historische Hinweise über die Auferstehung Christi vor als zum Beispiel über die Niederlage Napoleons bei Waterloo. Professor Edwin Selwyn schreibt: »Die Tatsache, daß Christus am dritten Tage von den Toten auferstanden ist, mit Körper und Seele, und dann in eine neue Art der Beziehung mit denen, die ihn kannten, hier auf der Erde getreten ist, diese Tatsache ist so gut abgesichert, wie es durch historische Forschung überhaupt nur möglich sein kann.«

Diese gute Nachricht war die Botschaft der revolutionären neutestamentlichen Gemeinden. Auch heute ist es eine revolutionäre Botschaft. Sie gründet sich auf historische Tatsachen.

Die größte Persönlichkeit

In den vergangenen Jahren habe ich in vielen Ländern die unterschiedlichsten Leute gefragt – Moslems, Hindus, Buddhisten, Atheisten, Kommunisten: »Wer ist die größte Persönlichkeit, die je gelebt hat? Wer hat für die Menschheit am meisten Gutes geleistet?« Jeder, der mit den Fakten vertraut war und der die Gelegenheit hatte, die Hinweise zu untersuchen, hat mir geantwortet: »Jesus von Nazareth.« Natürlich hat ihn nicht jeder als seinen Herrn angenommen, aber die Ursache liegt mehr im Bereich des Willens als in dem des Verstandes, denn die Fakten über Jesus Christus sowie über das, was er getan hat, sind für alle Menschen deutlich erkennbar.

Als ich einmal eine der größeren amerikanischen Universitäten besuchte, hatte ich die Gelegenheit, mit einem bekannten Kommunisten und überzeugten Atheisten zu sprechen.

Ich fragte ihn: »Wer ist Ihrer Meinung nach die größte Persönlichkeit, die die Welt je gesehen hat, und wer hat für die Menschheit im Verlauf der Jahrhunderte am meisten Gutes getan?«

Er hatte über diese Frage anscheinend noch nie nachgedacht. Nach einigen Augenblicken sagte er: »Wahrscheinlich muß ich Jesus Christus nennen.«

Der größte Einfluß

Der englische Wissenschaftler W. H. Griffith Thomas sagte: »Das Zeugnis über das gegenwärtige Wirken Jesu Christi ist heute genauso echt wie in der Vergangenheit. Zieht man alle anderen Namen der Weltgeschichte zum Vergleich heran, dann beobachtet man ohne Ausnahme, daß eine historische Persönlichkeit zuerst eine Macht ausstrahlt, dann nur noch ein Name ist und schließlich nichts weiter als Gedankengut. Bei Jesus Christus kann man genau das Gegenteil feststellen. Er starb an dem Kreuz der Schande. Sein Name wurde zusehends größer, und gegenwärtig übt er einen mächtigen Einfluß in der Welt aus!«

Der Physiker George Romanes stimmt damit überein: »Es lohnt sich in jeder Hinsicht (abgesehen von offensichtlicher Unwissenheit oder niederen Beweggründen), das, was von Jesus Christus im menschlichen Leben ausgelöst wird, als eine Revolution zu sehen, mit der sich keine andere Bewegung in der Geschichte vergleichen oder messen kann.«

Kenneth Scott Latourette, Professor für Theologie an der Yale-Universität, bemerkt als Historiker und Verfasser vieler bekannter Bücher: »Mißt man dieses kurze Leben (dabei bezieht er sich auf Jesus Christus) an den Früchten, die es in der Menschheit getragen hat, dann war es *das* Leben, das auf diesem Planeten am meisten Einfluß ausgeübt hat. Wie wir schon ausführlich erläutert haben, hat der Eindruck, den dieses Leben hinterläßt, im Laufe der Jahrhunderte nicht abgenommen, sondern sich noch vertieft. Durch ihn wurden Millionen von Menschen verändert und haben begonnen, ein Leben zu führen, das er exemplarisch vorgelebt hatte. Aufgrund der eingetretenen Veränderungen wurden die Geburt, das Leben, der Tod und die Auferstehung Jesu zu den wichtigsten Ereignissen in der Menschheitsgeschichte. Gemessen an seinem Einfluß, ist Jesus der Mittelpunkt in der menschlichen Geschichte.«

Der Missionsbefehl

Wenige Augenblicke, bevor Christus sichtbar gen Himmel fuhr, gab er seinen Jüngern den Missionsauftrag: »Gehet hin und lehret alle Nationen...«[2] Die ersten Christen begannen in Jerusalem und verbreiteten dann die Botschaft in der ganzen damals bekannten Welt, so daß innerhalb weniger Jahre sogar die Feinde ihres Glaubens zugeben mußten, daß diese Männer »den ganzen Weltkreis erregen«.[3]

Wer ist er?

Wer ist nun eigentlich diese Person Jesus Christus? In wenigen Worten läßt sich das folgendermaßen zusammenfassen: Jesus von Nazareth wurde durch das Wirken des Heiligen Geistes von der Jungfrau Maria vor fast 2000 Jahren geboren. Hunderte von Jahren zuvor hatten die großen Propheten Israels sein Kommen schon vorhergesagt. Das Alte Testament, das von vielen verschiedenen Leuten im Laufe von ca. 1500 Jahren geschrieben wurde, enthält mehr als 300 Hinweise auf sein Kommen.

Das Leben, das Jesus führte, die Wunder, die er tat, die Worte, die er sprach, sein Tod am Kreuz, seine Auferstehung, seine Himmelfahrt – all das weist auf die Tatsache hin, daß er mehr als ein Mensch war. Mohammed war ausschließlich Prophet; Buddha war seinen eigenen Worten nach Agnostiker; Konfuzius war ein Lehrer der Ethik; Jesus aber beanspruchte, Gott zu sein. Er unterstrich diesen Anspruch mit den Worten: »Der Vater und ich sind untrennbar eins.«[4] »Wer mich sieht, der sieht den Vater.«[5]

Übernatürliche Vollmacht

Der Apostel Johannes hat über die Verwandlung von Wasser in Wein geschrieben sowie über die Heilung des Sohnes eines Adligen und eines Mannes, der 38 Jahre lang gelähmt war. Weiterhin berichtet er von einem Mann, der blind geboren war und sein Augenlicht zurückerhielt, sowie über die Auferstehung des Lazarus von den Toten. Dieser Johannes sagt: »Solches habe ich euch geschrieben, die ihr glaubet an den Namen des Sohnes Gottes, auf daß ihr wisset, daß ihr das ewige Leben habt...«[6] Die Wunder, die Jesus tat, waren keine Machtdemonstrationen, sondern die Handlung eines liebenden Gottes, der den Menschen seine Liebe offenbaren wollte.

Es ist kaum vorstellbar, daß jemand bis ins kleinste Detail seinen Tod und seine Auferstehung vorher ankündigt. Und doch: genau das hatte Jesus getan. Er kündigte an: »Der Menschensohn wird viel leiden müssen. Die Ratsältesten, die führenden Priester und die Gesetzeslehrer werden ihn verurteilen. Man wird ihn töten, und nach drei Tagen wird er auferstehen.«[7]

Die Hohenpriester kannten seine Vorhersagen und versuchten, die Erfüllung dadurch zu verhindern, daß sie Wächter vor das Grab stellten. Aber keine menschliche Macht ist in der Lage, das zu verhindern, was Gott geplant hat.

Warum ist er gekommen?

Vielleicht stellen Sie sich die Frage: »Wenn Jesus Christus wirklich der Sohn Gottes ist, warum ist er dann auf die Erde gekommen?« Warum Jesus und nicht ein anderer?

In den alttestamentlichen Zeiten brachten die Israeliten den Priestern Tiere zum Opfer. Die Priester töteten das Tier und sprengten das Blut auf den Altar, um dadurch die Sünden desjenigen, der das Opfer gebracht hatte, zuzudecken. Diese Tiere mußten vollkommen sein. Sie durften keine Verunstaltungen haben. So konnten symbolisch die Sünden desjenigen, der das Opfer darbrachte, auf diese unschuldigen Opfer gelegt und mit ihrem Tod gebüßt werden.

Diese Opferhandlungen waren ein Hinweis auf das eine Lamm Gottes, das kommen sollte. Es waren vorläufige Zeichen für den einen, dessen Blut die Sünde des Menschen nicht nur vorübergehend zudecken, sondern für immer abwaschen würde.

Die Bibel sagt uns: »Schuld wird nur vergeben, wenn dafür Blut geflossen ist.«[8] Deshalb hat Gott seinen einzigen Sohn Jesus Christus gesandt. Er war ohne Sünde, ohne jeden Fehler, und er hat sein Blut am Kreuz zur Vergebung unserer Sünden vergossen.

Studiert man die verschiedenen Weltreligionen, dann wird man bald feststellen, daß nirgends Vergebung der Sünden außer durch den Kreuzestod von Jesus Christus ermöglicht wird. Die zentrale Wahrheit im Wort Gottes ist die, daß Christus für unsere Sünden gestorben und auferstanden ist.[9]

Zum Sterben geboren

Nicht nur der Tod und die Auferstehung Jesu an sich sind bedeutsam, sondern auch der Zweck, zu dem beides stattfand. Jesus Christus wurde geboren, um zu sterben. Er starb für uns am Kreuz und nahm freiwillig den Tod auf sich, den eigentlich wir verdient haben. Nach einem Vortrag über »Die Einzigartigkeit Jesu« kam ein junger Hindu-Professor aus Indien zu mir. Er war sehr verärgert und aufgebracht.

»Ich ärgere mich über euch Christen«, sagte er. »Die Arroganz, mit der ihr sagt, daß ihr den einzigen Weg zu Gott habt, regt mich auf. Ich glaube, daß das Christentum ein Weg ist, aber auch nur ein Weg unter mehreren. Hinduismus ist ein anderer. Buddhismus, Shintoismus und andere Religionen sind ebenso Wege zu Gott.«

Er war ein sehr gebildeter junger Mann, hatte zwei Doktortitel, in Physik und in Chemie. Im Verlauf unseres Gesprächs mußte er feststellen, daß das Christentum sich in einzigartiger Weise von anderen Religionen unterscheidet und nicht nur eine von Menschen angefertigte Religion oder Philosophie ist, sondern allen Menschen eine echte Lösung für ein tiefsitzendes Problem anbietet: die Vergebung der Sünden. Er gab zu, daß er, obwohl er seine Religion sehr ernst nahm, viel in den heiligen Hindu-Schriften las und sehr pflichtbewußt alle Riten und Rituale einhielt, noch nie Frieden mit Gott gefunden hatte. Schließlich knieten wir uns beide nieder, und dieser junge Hindu betete, daß Jesus seine Sünden vergeben und sein Erlöser werden möchte.

Um Christ zu werden, müssen Sie sich also ganz aufrichtig und ehrlich den Ansprüchen Jesu Christi stellen und mit dem Verstand glauben, daß er der Sohn Gottes ist; daß er für Ihre Sünden starb; daß er begraben wurde, aber auferstanden ist; und daß er in Ihr Leben eintreten möchte, um Ihr Erlöser und Herr zu sein.

Wer Gott vertraut hat wohlgebaut
Des Morgens denk,
An deinen Gott;
Des Mittags iss.
Des Abends denk,
An deinen Tod;
Des Nachts ver.
Schlafe deine Not.

II. Entscheidung des Gefühls

Als zweites gehört zur Gewißheit im Glauben das Gefühl. Das Gefühl ist eine Reaktion auf eine bestimmte Handlung, auf ein bestimmtes Ereignis oder auf eine bestimmte Erfahrung. Viele Leute sind in ihrer Beziehung zu Gott so verwirrt, weil sie die verschiedenen Gefühlsreaktionen nicht unterscheiden. Wahrscheinlich hat nichts den Mangel an Glaubensgewißheit über eine echte persönliche Beziehung mit Gott durch Jesus Christus so sehr verursacht wie eine falsche Betonung der Gefühle.

Der Mensch ist ein mit Gefühlen ausgestattetes Wesen. Alles, was er tut, angefangen beim Aufstehen am Morgen bis hin zum Schlafengehen am Abend, schließt seine Gefühle mit ein. Die Art und Weise, wie er anderen Menschen im Alltag, an seinem Arbeitsplatz, begegnet, ja sogar die Wahl seiner Krawatte und das Essen, das er zu sich nimmt, werden mitbestimmt von seinen Gefühlen.

Unterschiedliche Reaktionen

Der eine mag aggressiv, extrovertiert und äußerst gefühlsbetont sein, ein anderer ist still, reserviert und introvertiert. Sie werden auf ein Ereignis, das sie beide beobachten, oder eine Erfahrung, die sie beide machen, unterschiedlich reagieren – der eine mit großer Aufregung und der andere mit äußerster Ruhe.

Die Tatsache, daß die verschiedenen Menschentypen in der Entscheidung für Christus auch unterschiedliche Reaktionen zeigen, hat viele Menschen verwirrt. Der Apostel Paulus zum Beispiel hatte eine äußerst dramatische Erfahrung mit Gott. Er hatte sein Leben dafür eingesetzt, die Nachfolger Jesu auszurotten, und aktiv dieses Ziel verfolgt, als der Herr ihm auf der Straße nach Damaskus begegnete. Diese dramatische Erfahrung veränderte das Leben des Paulus völlig. Er wurde zu einem mächtigen Apostel – einem Mann, den Gott in einem Ausmaß gebrauchen konnte wie wohl kaum einen anderen, damit die Botschaft der göttlichen Liebe und Vergebung in der Welt verkündet wurde.

Auf der anderen Seite steht Timotheus. Er hatte schon durch seine Mutter und durch seine Großmutter von der Realität Gottes gehört. Er wuchs in dem Glauben auf, daß Jesus Christus der Sohn Gottes ist, und wußte, daß Christus in seinem Leben gegenwärtig war.

Dramatische Erfahrung

Häufig kann man Zeugnisse von begeisterten Christen hören, die von einer dramatischen Erfahrung berichten, als sie Christus begegnet sind. Sie wurden entweder von tiefer Unmoral oder irgendeinem anderen großen Problem geheilt. Ihre Aussagen werden durch die Tatsache eines völlig veränderten Lebens bestätigt. Auf der anderen Seite gibt es viele, die – wie ich selbst auch – in ihrem Zimmer, in der freien Natur, in einer Kirche oder irgendwo anders still niederknieten und Christus ohne jede dramatische Gefühlserfahrung ihr Leben anvertraut haben.

Ich erinnere mich noch gut an den Abend, als ich neben meinem Bett niederkniete und betete: »Herr, was für einen Auftrag hast Du für mich?« Das war ein sehr einfaches Gebet, nichts besonders Theologisches, und es gab auch keine dramatische, gefühlsmäßige Erfahrung. Aber es war mir ernst mit meinem

Gebet, und Gott hat mich erhört.

Als ich mich im Laufe der nächsten Tage, Wochen und Monate mit der Bibel beschäftigte und mit anderen Christen in einer Gemeinde traf, wurde mein Leben verändert. Ich habe die stille Gewißheit über die Liebe und die Vergebung Gottes erfahren, und meine Beziehung zu Jesus Christus wurde mir zur wichtigsten Kraftquelle meines Lebens. Je mehr ich ihn kennenlerne, um so mehr bin ich ihm ergeben, und um so mehr bin ich davon begeistert, mit anderen über ihn zu reden.

Gefühle können täuschen

Im Laufe der Zeit sind Gefühle gekommen und wieder vergangen. Ich hatte Zeiten großer Freude und Zeiten großer Begeisterung, und ich hatte auch Zeiten des Schmerzes und der Enttäuschung, aber ich verlasse mich nicht auf diese Gefühle, denn sie können mich schnell täuschen.

Die Bibel sagt: »Der Gerechte wird aus Glauben leben«[10] und »... ohne Glauben ist er unmöglich, Gott zu gefallen«.[11] – »Alles aber, was nicht aus Glauben geschieht, ist Sünde.«[12]

Das Ausstrecken nach gefühlsmäßigen Erfahrungen steht also im direkten Widerspruch zu dem, was Gott gefällt. Glaube ist ein anderes Wort für Vertrauen, und unser Glaube muß sich auf die Person Gottes und auf sein Wort stützen, nicht auf unsere Gefühle.

Ein Bekannter stellte mir einen seiner Freunde vor in der Hoffnung, daß er Jesus Christus sein Leben anvertrauen würde, und das geschah auch. Aber im Verlauf unseres Gespräches wurde es offensichtlich, daß mein Bekannter, trotz seiner Sorge für seinen Freund, selbst noch keine lebendige Beziehung zu Jesus Christus gefunden hatte. Deshalb fragte ich ihn: »Wann sind Sie Christ geworden?«

»Ich bin nicht sicher, ob ich ein Christ bin.«

»Glauben Sie, daß Jesus Christus der Sohn Gottes ist?«

»Ja.«

»Glauben Sie auch, daß er am Kreuz für Ihre Sünden gestorben ist?«

»Ja.«

»Glauben Sie, daß Jesus Christus, wenn Sie ihn als Erlöser annehmen, in Ihr Leben kommen und Sie zu einem Kind Gottes machen wird?«

»Ja.«

»Sie würden ihn gern als Ihren Herrn annehmen, nicht wahr?«

»Ja, das stimmt. Aber ich warte auf eine bestimmte Erfahrung. Als meine Mutter Christ wurde, da hatte sie eine dramatische gefühlsmäßige Erfahrung, und in all den Jahren habe ich darauf gewartet, daß Gott mir auch eine solche Erfahrung schenkt!«

Obwohl er aktiv in seiner Gemeinde mitarbeitete, hat ihn die falsche Betonung der Gefühle davon abgehalten, seiner Erlösung gewiß zu sein. Nachdem wir darüber gesprochen hatten, daß man nicht auf Gefühle und gefühlsbetonte Erfahrungen zu warten braucht, sondern Gott und seinem Wort einfach glauben darf, haben wir zusammen gebetet. Als Ausdruck seines Glaubens hat er Jesus Christus als seinen Erlöser und Herrn angenommen und freut sich seitdem über die Gewißheit, daß Christus in seinem Leben ist.

Dreifache Bestätigung

Wie kann man nun eigentlich die Gewißheit haben, daß man wirklich Christ ist? Gibt Gott nicht demjenigen, der Christus aufrichtig als seinen Herrn angenommen hat, irgendeine Bestätigung? Ja, ich glaube, daß es eine dreifache Bestätigung dafür gibt, daß Jesus Christus in uns lebt.

DIE VERTRAUENSWÜRDIGKEIT DES WORTES GOTTES	
DIE BESTÄTIGUNG DURCH DEN HEILIGEN GEIST	} GEWISSHEIT
EIN VERÄNDERTES LEBEN	

Die Vertrauenswürdigkeit Gottes

Zunächst haben wir das äußere Zeugnis des Wortes Gottes. Gewißheit gründet sich auf die Autorität seines Wortes. Wenn wir auf die Bedingungen Gottes eingehen, so wie sie in der Bibel offenbart sind, dann können wir die Gewißheit haben, daß wir Kinder Gottes sind.

»Wir glauben menschlichen Zeugen; aber das Zeugnis Gottes hat ein viel stärkeres Gewicht, denn es handelt sich um die Aussage, mit der Gott für seinen Sohn eingetreten ist. Wer sich auf den Sohn Gottes verläßt, trägt dieses Zeugnis als Besitz in seinem Herzen. Wer Gott nicht glaubt, macht ihn zum Lügner; denn er bezweifelt die Aussage, die Gott über seinen Sohn gemacht hat. Diese besagt: Gott hat uns ewiges Leben gegeben, und wir erhalten dieses Leben durch seinen Sohn. Wer den Sohn Gottes hat, der hat das Leben. Wer aber den Sohn nicht hat, der hat auch das Leben nicht. Ich schreibe euch dies, damit ihr wißt, daß ihr das ewige Leben habt.«[13]

Der Heilige Geist

Als zweites haben wir die innere Bestätigung durch den Heiligen Geist. Paulus schrieb an die Römer: »Und Gottes Geist bestätigt unserem Geist, daß wir wirklich Gottes Kinder sind.«[14]

In seinem Brief an die Christen in Thessalonich betont Paulus noch einmal die Gültigkeit dieser inneren Bestätigung: »Denn unser Evangelium war nicht bei euch im Worte allein, sondern auch in Kraft und im Heiligen Geiste und in großer Gewißheit.«[15]

Ein verändertes Leben

Unser verändertes Leben ist das dritte Zeugnis für die Tatsache, daß wir Christen sind. Jesus erklärte dem Nikodemus, einem sehr religiösen Führer der Juden, er müsse von neuem geboren werden, wenn er das Reich Gottes sehen wolle. Das entsprach der Erfahrung der Kolosser, denen Paulus erklärte: »Diese Gute Nachricht ist nicht nur bei euch, sondern in der ganzen Welt bekannt. Überall breitet sie sich aus und bringt Frucht. Sie tut es auch bei euch, seit dem Tag, da ihr von Gottes Erbarmen gehört habt und von der Wahrheit dieser Botschaft überzeugt worden seid.«[16] Durch unser verändertes Leben wird sichtbar, daß wir die Wiedergeburt erfahren haben und Kinder Gottes geworden sind. Johannes beschrieb das folgendermaßen: »Und an dem merken wir, daß wir ihn kennen, wenn wir seine Gebote halten. Wer da sagt: Ich kenne ihn, und hält seine Gebote nicht, der ist ein

Lügner, und in solchem ist die Wahrheit nicht. Wer aber sein Wort hält, in dem ist wahrlich die Liebe Gottes vollkommen. Daran erkennen wir, daß wir in ihm sind. Wer da sagt, daß er in ihm bleibt, der soll auch wandeln, gleichwie er gewandelt ist.«[17]

Liegt kein ernsthaftes Verlangen vor, Jesus zu gehorchen und ihn zu erfreuen, dann sollte man sich zu Recht fragen, ob man wirklich ein Kind Gottes ist.

Jesus sagt: »Wer meine Gebote hat und hält sie, der ist es, der mich liebt. Wer mich aber liebt, der wird von meinem Vater geliebt werden, und ich werde ihn lieben und mich ihm offenbaren.«[18] Jesus sagt hier also, daß er sich denen, die ihm gehorsam sind, so offenbaren wird, daß sie die Realität seiner Gegenwart in ihrem Leben spürbar erfahren. Eine solche Bestätigung wird allerdings je nach Person und den Umständen entsprechend unterschiedlich ausfallen. Natürlich gibt es im christlichen Leben einen Platz für das Gefühl, aber wir sollten uns weder nach Gefühlen ausstrecken noch versuchen, vergangene Gefühlserfahrungen zu wiederholen.

Wir wollen gar nicht den Wert echter Gefühle übersehen. Aber es ist wichtiger, daß wir uns immer wieder daran erinnern lassen, im Glauben zu leben – das heißt Gott und seinen Verheißungen zu vertrauen –, statt gefühlsbetonte Erfahrungen zu suchen.

III. Willensentscheidung

Neben dem Verstand und dem Gefühl gehört zum Christwerden und zur Gewißheit im Glauben der Wille.

Christus betonte die Bedeutung des menschlichen Willens im Hinblick auf die Gewißheit und Erlösung. Er sagte: »Wenn jemand will den Willen Gottes tun, der wird innewerden, ob diese Lehre von Gott sei, oder ob ich von mir selbst rede.«[19] Diesen Worten Christi entsprechend wird man also nie die Wahrheit erkennen, wenn man nicht bereit ist, der Wahrheit zu gehorchen.

Seine Liebe zu uns ist vollkommen

Gelegentlich spreche ich mit Menschen, die zögern, Christus als ihren Herrn anzunehmen, weil sie Angst haben, daß er ihre Pläne durchkreuzt und dem Leben alle Freude nimmt. Aber wenn Sie sich selbst Christus ausliefern, können Sie absolut sicher sein, daß er Ihr ganzes Leben mit all dem erfüllen wird, was für Sie das Beste ist – einfach deshalb, weil er Sie liebt. Er ist mehr an Ihrem Wohlergehen interessiert als Sie selbst! Gottes Wort versichert uns: »Die Liebe kennt keine Angst. Wahre Liebe vertreibt die Angst.«[20]

Eine Sache des Willens

Ein weiterer Grund, warum Menschen zögern, Christus ihr Leben anzuvertrauen, ist Stolz oder Eigenwilligkeit. Seit über 25 Jahren arbeite ich unter

Studenten und Akademikern, und in all diesen Jahren ist mir keiner begegnet, der gesagt hätte: »Ich habe all die historischen Hinweise und die Ansprüche Christi untersucht, und ich kann nicht glauben, daß er der Sohn Gottes ist.« Die Ablehnung Christi beruht fast immer auf Herzensentscheidung, nicht auf intellektuellen Schwierigkeiten. Eine Entscheidung für Jesus ist nicht hauptsächlich eine Sache des Verstandes, sondern des Willens. Intellektuelle Gründe sind meistens nur ein Vorwand, um sehr viel tieferliegende Probleme des menschlichen Herzens zu verdecken.

Ein guter Mensch

Diese Tatsache wurde im Leben eines sehr bekannten Professors an einer größeren theologischen Fakultät deutlich. Er glaubte nicht an die Göttlichkeit Christi, obwohl er Tausende von jungen Studenten durch seinen Unterricht auf das Pfarramt vorbereitet hatte. Eines Tages wurde ich von einem Freund, der bei diesem Professor seine Doktorarbeit schrieb, gebeten, mit ihm zusammen diesen Mann zu besuchen. Mein Freund erklärte: »Er glaubt nicht, daß die Bibel Gottes Wort ist, aber er ist ein guter Mensch. Er gefällt mir. Er ist zugänglich, hat ein offenes Herz, und ich glaube, du wirst dich gut mit ihm verstehen.« Nachdem wir uns gegenseitig vorgestellt hatten, waren seine ersten Worte an mich: »Wenn Sie zu Studenten darüber sprechen, wie sie Christen werden können, was sagen Sie ihnen eigentlich?« Da ich vorher über ihn informiert worden war, wollte ich meine Worte natürlich sorgfältig abwägen, und bevor ich ihm eine Antwort geben konnte, stellte er die zweite Frage: »Um noch deutlicher zu werden: Was würden Sie mir persönlich sagen? Ich würde gerne Christ werden!«

Wer beherrscht unser Leben?

Ich nahm ihn beim Wort und zeichnete einen Kreis auf ein Stück Papier. Dann erklärte ich ihm, daß dieser Kreis sein Leben darstellte. In die Mitte zeichnete ich den Buchstaben »I« für das »Ich«. Ich erklärte ihm: »Um Christ zu werden, müssen Sie Christus als Geschenk Gottes annehmen. Und wenn er in ihr Leben eintritt, dann will er Ihr Herr sein, das heißt die Herrschaft Ihres Lebens übernehmen.«

»Genau das ist mein Problem«, antwortete er. »Bisher hat mich immer intellektueller Stolz davon abgehalten. In der akademischen Welt bin ich sehr zu Ehren gekommen, und ich war nicht bereit, mich vor Gott zu demütigen. Jahrelang habe ich die Göttlichkeit Christi verleugnet und Tausende von Studenten entsprechend unterrichtet. Aber kürzlich habe ich mit einem völlig neuen Verständnis die Bibel gelesen sowie die Lebensbeschreibung von Männern wie John Wesley und Augustinus. Ich bin jetzt auch mit meinem Verstand davon überzeugt, daß Jesus der Sohn Gottes ist, aber ich kenne ihn noch nicht als meinen persönlichen Erlöser.«

Ein vorbereitetes Herz

In diesem Augenblick wurden wir durch einen Telefonanruf unterbrochen, und weil er weitere Verabredungen hatte, waren wir nicht in der Lage, unser Gespräch fortzuführen. Er bat uns, zwei Tage später noch einmal wiederzukommen. Als wir ihn besuchten, nahm er uns mit in sein Büro. Er schloß die Tür hinter uns ab und sagte: »Heute früh bin ich in eine Kirche gegangen, um mich in meinem Herzen auf Ihren Besuch vorzubereiten. Ich habe viel über das dritte Kapitel des Johannesevangeliums nachgedacht, und ich möchte Sie bitten, für mich zu beten, daß ich Jesus als meinen persönlichen Erlöser kennenlerne.« Zuerst habe ich gebetet, dann hat er gebetet, und dann hat mein Freund gebetet. An jenem Tag nahm dieser Mann, der überall in der Welt bekannt ist, wie ein Kind Christus an, und sein ganzes Leben wurde verändert. Seine Theologie und seine Lebensphilosophie wurden anders. Er selbst wurde zu einem neuen Menschen in Christus. Sein eigentliches Problem war nicht sein Verstand gewesen: Stolz und Eigenwille hatten ihn vorher an einer Entscheidung für Christus gehindert!

Angst vor Konsequenzen

Viele Studenten, die vom Gefühl und vom Verstand her davon überzeugt sind, daß Jesus Christus der Sohn Gottes ist, nehmen ihn nur deshalb nicht als ihren Erlöser an, weil sie glauben, daß ihnen dadurch die ganze Freude am Leben genommen würde. Sie haben Angst vor den Konsequenzen. Ich sprach mit einem Studenten, der es ablehnte, sein Leben Christus anzuvertrauen, weil ihm das studentische Leben mit »Wein, Weib und Gesang« so viel Spaß machte. Er widerstand Gott, verurteilte die Christen und war überall als Atheist bekannt. Viele Gebete von Studenten, die Christen waren, und der Einfluß eines Missionars bewirkten schließlich, daß er Christus als seinen Herrn annahm. In kurzer Zeit wurde er einer der dynamischsten Christen an seiner Universität, und heute ist er ein weithin bekannter Theologe. Er hatte eigentlich gewußt, daß Jesus Christus der Sohn Gottes war, aber er hatte sich gegen ihn und gegen den Willen Gottes für sein Leben aufgelehnt, bis ihm durch das Wirken des Heiligen Geistes die biblische Wahrheit ganz deutlich vor Augen stand: »Was hat ein Mensch davon, wenn er die ganze Welt gewinnt, am Ende aber doch sein Leben verliert?«[21] Und die Verheißung Jesu wurde ihm wichtig: »Ich bin gekommen, damit sie Leben im Überfluß haben.«[22] Er hatte bald festgestellt, daß das Leben, das er für lebenswert hielt, sich in keiner Weise vergleichen ließ mit dem erfüllten Leben, das Jesus gibt.

Sie verkaufen ihren Besitz

Viele erfolgreiche Geschäftsleute lehnen es ab, Christus als ihren Erlöser anzunehmen, weil sie in dem Glauben sind, daß sie alles, was sie besitzen, verkaufen und den Armen geben müßten, so wie es Jesus dem reichen Jüngling aufgetragen hatte.[23] Es werden auch heute noch Menschen von Gott so geführt, daß sie das tun, aber andere bekommen den Auftrag von Gott, ihren Einfluß für Christus in anderer Form einzusetzen.

Keine Bereitschaft zum Vertrauen

Es gibt eine ganze Reihe von Menschen, die einen echten Glauben an Christus haben, sich aber trotzdem nicht ihrer Erlösung gewiß sind, weil sie Angst davor haben, Gott ihr ganzes Leben anzuvertrauen. Ein Sportler, der eine sehr aussichtsreiche Karriere vor sich hatte, teilte mir mit, daß er nur sehr ungern sein ganzes Leben Christus ausliefern wolle, weil er befürchtete, daß Jesus ihn in hauptamtliche christliche Arbeit berufen würde und er seine Lebenserfüllung und Lebensfreude im Sport aufgeben müßte.

In dem Maße, in dem wir Gott gehorsam sind und unser Leben von ihm verändern lassen, wird unsere Gewißheit zunehmen. Es wird dann einfach offensichtlich, daß Gott in unserem Leben arbeitet und uns dazu befähigt, Dinge zu tun, die wir nie von uns aus hätten tun können. Wenn wir jedoch dem Willen Gottes widerstehen, dann wird es sich nicht vermeiden lassen, daß wir unsere Erlösung zu bezweifeln beginnen.

Vorsätzliche Sünde

Das gleiche gilt, wenn wir nicht bereit sind, Sünde in unserem Leben aufzugeben. Wir werden dann an der Echtheit unseres Glaubens an Christus zweifeln. Diese Zweifel haben ihren Ursprung allerdings im Willen und nicht im Verstand. Den Verstand benutzen wir dann nur, um unseren Unglauben durch Argumente zu belegen, damit die eigentliche Ursache, nämlich der Ungehorsam, verdeckt wird. Es kann gelegentlich passieren, daß Menschen, denen ich von Christus und von der wunderbaren Liebe Gottes weitersage und von seinem Plan für das Leben all derer, die ihn im Glauben annehmen, überhaupt nicht reagieren. Meistens gibt es nur zwei Gründe für ein solches Desinteresse. Erstens: Mangel an Information über Jesus, warum er gekommen ist und was er für all die bedeutet, die er zu Kindern Gottes macht; oder zweitens: Sie sind von Satan, dem Feind ihrer Seele, betrogen worden. Vor längerer Zeit sprach ich in England mit einem Studenten, der Christus kennenlernen wollte, aber aus irgendeinem Grund nicht dazu in der Lage war. Offensichtlich hatte dieser Student ein Leben der Unmoral und des Ungehorsams geführt, ein Leben, das sehr selbstsüchtig war. Und doch hatte er in der Tiefe seines Herzens ein großes Verlangen, Gott kennenzulernen.

Von Satan betrogen

Als wir uns hinknieten, um zu beten, kamen keine Worte, und schließlich sagte er: »Ich kann nicht beten! Ich möchte, aber ich kann nicht!« – »Beten Sie mir nach«, schlug ich ihm vor und begann ein Gebet. Dieser junge Mann konnte noch immer nicht beten.

Dann betete ich für diesen Studenten und bat Gott, ihn von der Macht der Finsternis zu befreien und aus dem Reiche Satans herauszuführen, um ihn in das Reich Jesu Christi hineinzubringen, so wie es Paulus den Kolossern in Kapitel 1, 13. 14 erklärt.

Erneut forderte ich ihn auf zu beten, und sofort kam die freudige Reaktion und die von Herzen kommende Bitte an Christus, doch die Herrschaft in seinem Leben zu übernehmen. Verbunden mit diesem Gebet war die frohe Gewißheit seiner Erlösung. Wenn Sie Christus annehmen möchten, aber von etwas zurückgehalten werden, dann liegt das daran, daß Sie gebunden sind. Wenn das zutrifft, dann wartet Christus nur darauf, Sie zu befreien.

Grundsätzliche Wahrheiten

Die wichtigsten Punkte sollen hier noch einmal kurz zusammengefaßt werden. Um Glaubensgewißheit als Christ zu haben, muß man vom Verstand her über einige grundsätzliche Wahrheiten informiert sein: Erstens, Gott liebt Sie und hat Sie geschaffen, damit Sie eine persönliche Beziehung zu ihm haben können. Zweitens, die Gemeinschaft mit Gott ist durch die Sünde des Menschen zerstört. Deshalb kann er seine Liebe nicht erfahren. Drittens, Jesus Christus ist Gottes einziger Ausweg aus der Sünde des Menschen. Durch ihn können Sie eine persönliche Beziehung zu Gott finden. Und viertens, wir können eine persönliche Beziehung zu Gott finden, indem wir Jesus Christus als unseren Herrn und Erlöser annehmen. Diese Beziehung ist ein Geschenk Gottes und beginnt, wenn wir Jesus unser Vertrauen schenken. Christus sagt: »Siehe, ich stehe vor der Tür und klopfe an. Wenn jemand meine Stimme hört und die Tür öffnet, so werde ich zu ihm hineingehen.«[24]

Im Johannesevangelium wird uns gesagt: »Wie viele ihn aber aufnahmen, denen gab er Macht, Gottes Kinder zu werden, die an seinen Namen glauben.«[25]

Erlöst durch Glauben

Es reicht nicht aus, Jesus Christus nun in Ihr Leben einzuladen. Es gehört auch dazu, daß Sie ihm vertrauen und ihm glauben, daß er in Ihr Leben eintreten wird, wie er es versprochen hat. Wir lesen im Epheserbrief: »Es ist tatsächlich reine Gnade, daß ihr gerettet seid. Ihr selbst könnt nichts dazu tun, als das im Vertrauen anzunehmen, was Gott für euch getan hat. Eure Rettung ist nicht euer eigenes Verdienst, sondern ein Geschenk Gottes. Keiner soll sich vor Gott auf seine Leistungen berufen können.«[26] Viele Menschen bitten Jesus immer wieder aufs neue, in ihr Leben zu kommen, und zwar in Zeiten einer persönlichen Krise oder als Reaktion auf eine sehr bewegende Predigt. Dennoch scheint nichts in ihrem Leben zu geschehen. Woran liegt das? Es gibt zwei mögliche Gründe:

Nicht nur ein Mensch

Erstens: Einige bitten Jesus, in ihr Leben zu kommen, ohne zu erkennen, daß er nicht nur ein Mensch war, eine historische Persönlichkeit namens Jesus von Nazareth, sondern daß er mehr war, nämlich beides: Mensch *und* Gott, der Erlöser, der verheißene Messias, der für unsere Sünden gestorben ist, begraben wurde und am dritten Tage wieder auferstanden ist von den Toten. Er ist der lebendige Herr des Lebens und der Geschichte und hat die Macht, das Leben derer zu verändern, die an ihn glauben. Wenn man ihm nur oberflächlich »vertraut«, weil es viele andere auch tun, ohne zu verstehen, wer er ist, wird wahrscheinlich nichts geschehen. Ein Alkoholiker zum Beispiel bat Jesus vier Jahre lang immer wieder, in sein Leben zu kommen, aber nichts veränderte sich. Eines Tages wurde er gefragt: »Bittest du den Menschen Jesus, in dein Leben zu kommen oder den Jesus, der der allmächtige Sohn Gottes ist?« Er erwiderte: »Jesus, den Menschen.« Daraufhin wurde ihm erklärt, wer Jesus Christus ist und warum er auf die Welt kam. Danach hat der Alkoholiker mit diesem neuen, tieferen Verständnis den lebendigen Jesus Christus als seinen Erlöser angenommen und erfuhr sofort eine Veränderung: Seit jenem Zeitpunkt ist er frei von der Trunksucht.

Nehmen Sie ihn als Herrn und Erlöser an – aber nur einmal!

Zweitens: Einige Leute nehmen Jesus nicht in einer Haltung des Glaubens an. Sie trauen ihm nicht wirklich zu, daß er zu seiner Zusage steht, und beleidigen ihn, indem sie ihn immer wieder darum bitten. Bitten Sie ihn nur einmal, als Herr und Erlöser in Ihr Leben einzutreten. Danken Sie ihm danach täglich neu, als Ausdruck Ihres Glaubens, daß er jetzt in Ihrem Leben wohnt, denn er hat versprochen, Sie niemals zu verlassen.

Ist das, wovon ich hier spreche, verständlich? Erlauben Sie mir eine sehr persönliche Frage: Haben Sie jemals Jesus Christus als Ihren Erlöser angenommen? Falls Sie ihn angenommen haben, haben Sie dann Gewißheit in Ihrem Glauben? Sind Sie sicher, daß Sie, wenn Sie jetzt sterben würden, die Ewigkeit in der Gegenwart Gottes verbringen? Wenn Sie auf diese Fragen nicht mit »ja« antworten können, möchte ich Ihnen vorschlagen, daß Sie sich Zeit zum Nachdenken nehmen an einem Ort, an dem Sie keiner stört, oder mit demjenigen sprechen, der Ihnen dieses Buch gegeben hat, und Jesus als Ihren Erlöser annehmen. Falls Sie nie zuvor Christus durch eine bewußte, willentliche Entscheidung in Ihr Leben eingeladen haben, tun Sie es jetzt durch Gebet! Wenn Sie nicht sicher sind, ob Sie Christ sind, dann können Sie jetzt Gewißheit erhalten! In beiden Fällen möchte ich vorschlagen, daß Sie das folgende Gebet oder ein ähnliches in einer Haltung des Glaubens sprechen: »Herr Jesus Christus, mir ist klargeworden, daß ich mein Leben selbst bestimmt habe und von dir getrennt bin. Vergib mir meine Schuld. Danke, daß du für meine Sünde gestorben bist. Bitte komm in mein Leben als mein Erlöser und Herr, und verändere mich so, wie du mich haben willst. Danke, daß du mein Gebet beantwortet hast und in mein Leben gekommen bist.«

Wo ist er jetzt?

Haben Sie Christus in Ihr Leben eingeladen? Wo befindet er sich demnach jetzt in bezug auf Ihr Leben? Wenn Sie durch dieses oder ein ähnliches Gebet Ihr Vertrauen in Christus zum Ausdruck gebracht haben, dann können Sie sicher sein, daß Christus jetzt in Ihnen wohnt und daß Sie ewiges Leben haben. Er hat es versprochen, und er wird Sie nicht betrügen. Noch einmal möchte ich darauf hinweisen, daß die Frage kommen kann: »Wie steht es mit dem Gefühl?« Mein Rat: Verlassen Sie sich nicht auf das Gefühl! Die Glaubwürdigkeit Gottes und seines Wortes ist unsere Autorität, nicht schwankende Gefühle.

Mehrere Holzscheite zusammen brennen hell; legt man aber eines davon zur Seite, dann erlischt dessen Feuer rasch. So verhält es sich auch mit Ihrer Beziehung zu anderen Christen. Wenn Sie noch nicht zu einer Gemeinde gehören, in der Christus geehrt und die Bibel klar ausgelegt wird, ergreifen Sie selbst die Initiative. Suchen Sie regelmäßig die Gemeinschaft mit anderen, die auch Christus als ihren Erlöser kennen und seine Liebe erfahren. Beginnen Sie damit noch in dieser Woche! Die Entscheidung, Jesus Christus als Ihren Herrn und Erlöser anzunehmen, ist absolut die wichtigste Entscheidung, die Sie in Ihrem Leben treffen können. Wenn Sie jetzt die Gewißheit über Ihren Glauben erhalten haben, erzählen Sie auch anderen von Jesus und davon, wie man die Gewißheit, mit ihm verbunden und durch ihn erlöst zu sein, findet!

Anmerkungen

1. Johannes 1,12;
   Epheser 2,8.9
2. Matthäus 28,19
3. Apostelgeschichte 17,6
4. Johannes 10,30/Gute Nachricht
5. Johannes 14,9
6. 1. Johannes 5,13
7. Markus 8,31/GN
8. Hebräer 9,22
9. 1. Korinther 15,3.4
10. Römer 1,17/Menge
11. Hebräer 11,6
12. Römer 14,23/Schlachter
13. 1. Johannes 5,9–13/GN
14. Römer 8,16/GN
15. 1. Thessalonicher 1,5/Elberfelder
16. Kolosser 1,6/GN
17. 1. Johannes 2,3–6
18. Johannes 14,21
19. Johannes 7,17
20. 1. Johannes 4,18/GN
21. Matthäus 16,26/GN
22. Johannes 10,10
23. Markus 10,21
24. Offenbarung 3,20/Schlachter
25. Johannes 1,12/Schlachter
26. Epheser 2,8.9/GN

Die Bibelstellen sind, wenn nicht anders gekennzeichnet, dem revidierten Luthertext entnommen.

Fragen zum Nachdenken

1. Was für Gründe können vorliegen, wenn man keine Gewißheit über eine persönliche Beziehung mit Jesus Christus hat?
2. Inwieweit können die Zweifel, die jemand an seiner persönlichen Beziehung mit Christus hat, durch seine Gefühle verursacht werden?
3. Welche Rolle spielen Verstand, Gefühl und Wille bei der Entscheidung für Christus?
4. Nennen Sie verschiedene Möglichkeiten, die Gott benutzt, um einem Christen zu bestätigen, daß Jesus Christus in seinem Leben ist. Warum ist jede davon wichtig?
5. Beschreiben Sie, wie der Eigenwille einen Menschen vom persönlichen Glauben an Jesus Christus abhalten kann.
6. Ist es möglich, daß jemand im Gebet Jesus Christus als Herrn annimmt, und Jesus doch nicht in seinem Leben ist?
7. Wie können die folgenden Bibelverse jemandem eine Hilfe dafür sein, Heilsgewißheit zu erlangen? Offenbarung 3,20; Johannes 1,12; Epheser 2,8.9
8. Nehmen Sie sich Zeit zum Gebet und danken Sie Gott dafür, daß Sie absolute Gewißheit haben können, daß Jesus Christus in Ihrem Leben ist und Sie durch ihn ewiges Leben haben. Bitten Sie Gott, Ihnen zu zeigen, wem Sie diese Wahrheiten mitteilen könnten.

Studienanleitung

1. Lesen Sie dieses Konzept sechs Tage lang hintereinander. Pädagogische Forschung hat gezeigt, daß es notwendig ist, ein Konzept sechs- bis zehnmal zu lesen oder zu hören, ehe man es gründlich begriffen hat. Die Anwendung der in diesem Konzept dargestellten Prinzipien wird Sie ermutigen, Christus als Ihren Erlöser anzunehmen, falls Sie das nicht schon getan haben; und sie wird Ihnen weiterhelfen, die persönliche Gewißheit Ihrer Erlösung zu finden, falls Ihnen bisher diese Gewißheit noch fehlte.
2. Lernen Sie folgende Verse mit der dazugehörigen Bibelstelle auswendig:

   Offenbarung 3, 20: »Siehe, ich stehe vor der Tür und klopfe an. Wenn jemand meine Stimme hört und die Tür öffnet, so werde ich zu ihm hineingehen.«

   1. Johannes 5, 11–13: »Gott hat uns ewiges Leben gegeben, und wir erhalten dieses Leben durch seinen Sohn. Wer den Sohn Gottes hat, der hat das Leben. Wer aber den Sohn nicht hat, der hat auch das Leben nicht. Ich schreibe euch dies, damit ihr wißt, daß ihr das ewige Leben habt.«

   Das Auswendiglernen wird Ihnen leichter fallen und von dauerhaftem Erfolg sein, wenn Sie die Bibelverse eine Woche lang täglich wiederholen, anstatt zu versuchen, alles an einem Tag zu erledigen. Wenn Sie weitere Konzepte studieren und die dazugehörigen Verse lernen, sollten Sie die Verse dieses ersten Konzepts wiederholen.
3. Studieren Sie die »Fragen zum Nachdenken« auf Seite und das »Bibelstudium« auf Seite .
4. Nehmen Sie an einer Gruppendiskussion teil, in

der die »Fragen zum Nachdenken« benutzt werden. Wenn Sie noch an keiner Bibelstunde oder an keinem Arbeitskreis teilnehmen, wo die »Mitteilbaren Konzepte« studiert werden, dann können Sie eine eigene Gruppe bilden, indem Sie andere dazu einladen. Wenn Sie die »Fragen zum Nachdenken« durchsprechen, sollten Sie auch Ihre persönlichen Erfahrungen mit Christus austauschen. Erzählen Sie sich gegenseitig, wie Sie Christus kennengelernt haben. Wenn Sie erst vor kurzem den Glauben an Jesus gefunden haben, teilen Sie es den anderen mit. Wenn Sie sich noch nicht entschieden haben, sondern noch am Überlegen sind, dann teilen Sie auch das den anderen mit. Sprechen Sie auch über Ihre persönliche Erfahrung in bezug auf Glaubensgewißheit.

5. Machen Sie den Inhalt dieses Konzepts »Gewißheit im Glauben – Wie erfährt man das?« zu Ihrer persönlichen Lebensweise, indem Sie folgendes praktizieren:
   a) Seien Sie gewiß, daß Sie Christ sind. Wenn Sie diese Gewißheit noch nicht haben, dann laden Sie jetzt Jesus Christus in Ihr Leben ein. Durch eine bewußte Willensentscheidung können Sie Jesus darum bitten, Ihr Herr und Ihr Erlöser zu sein. Lesen Sie noch einmal das Gebet auf Seite   , und machen Sie es zu Ihrem eigenen Gebet. Nachdem Sie Christus einmal im Gebet und durch Glauben als Herrn angenommen haben, sollten Sie ihm täglich dafür danken, daß er jetzt in Ihnen wohnt. Sollten Sie trotzdem noch Fragen in bezug auf Glaubensgewißheit haben, dann sprechen Sie am besten mit einigen anderen Christen, die lebendig im Glauben stehen, und bitten Sie sie um ihre Hilfe.

b) Wenn Sie Glaubensgewißheit in Christus gefunden haben, dann erzählen Sie es den anderen Teilnehmern in Ihrer Bibelstunde oder in dem Hauskreis, dem Sie angehören. Sprechen Sie mit Ihren Freunden darüber. Erklären Sie anderen Christen, wie sie diese Gewißheit ebenfalls finden können. Dadurch, daß Sie öffentlich mit anderen über Jesus reden, werden Sie selbst im Glauben wachsen.
c) Sie sollten sich täglich Zeit zum Bibellesen und zum Beten nehmen. Am einfachsten ist es, wenn man für jeden Tag eine bestimmte Zeit festlegt, damit es zu einer Angewohnheit wird.
d) Suchen Sie die Gemeinschaft mit anderen Christen. Schließen Sie sich einem Bibelkreis an, wo Sie über die Bibel reden und von anderen Christen lernen können. Falls Sie noch keiner örtlichen Gemeinde angehören, sollten Sie anfangen, regelmäßig den Gottesdienst dort zu besuchen, wo Christus geehrt und die Botschaft der Bibel klar verkündigt wird. Wenn Sie noch nicht getauft sind, dann lassen Sie sich taufen. Das ist ein von Gott selbst eingesetztes Zeichen für Ihre Zugehörigkeit zu Christus.
e) Benutzen Sie das kurze Inhaltsverzeichnis zu Beginn des Buches, die folgende inhaltliche Gliederung oder eine Tonkassette über dieses Konzept, um diese wichtige Wahrheit anderen weiterzugeben. Tun Sie das, so oft es Ihnen möglich ist. Stellen Sie allen, denen Sie das Konzept mitteilen, ein Buch oder vielleicht eine Kassette zur Verfügung, so daß sie ebenfalls das Material gründlich studieren und anderen weitergeben können.

Inhaltliche Gliederung

(Als Hilfe zum selbständigen Erarbeiten und Vortragen)

I. Es gibt viele treue Kirchenbesucher, die einen echten Glauben an Jesus Christus haben, aber aufgrund mangelnder Information nicht sicher sind, ob sie wirklich Christen sind.

II. Die Voraussetzung für eine persönliche Beziehung zu Christus kann verglichen werden mit der Voraussetzung für eine Eheschließung. Es wird die Entscheidung der ganzen Persönlichkeit gefordert, das heißt: Verstand, Gefühl und Wille müssen daran beteiligt sein.

A. Glaubensgewißheit schließt den Verstand mit ein:

1. Christentum beruht nicht auf einem blinden Sprung des Glaubens.
2. Christentum gründet sich auf historische Tatsachen, die im Laufe von Jahrhunderten durch wissenschaftliche Arbeit dokumentiert worden sind.
3. Jesus Christus ist die größte Persönlichkeit der Weltgeschichte.
4. Das Leben, das Jesus führte, die Wunder, die er tat, die Worte, die er sprach, sein Tod am Kreuz, seine Auferstehung und seine Himmelfahrt weisen darauf hin, daß er nicht nur Mensch war, sondern Gott.
5. Jesus kam, um am Kreuz für unsere Sünden zu sterben. Das wurde schon Jahrhunderte zuvor durch die Opfer im Alten Testament bildlich angedeutet (Hebr. 9).

B. Gewißheit schließt das Gefühl mit ein.

1. Ein Gefühl ist die Reaktion auf eine konkrete Handlung, ein Ereignis oder eine Erfahrung.
2. Eine falsche Betonung des Gefühls hat viele daran gehindert, Gewißheit über eine persönliche Beziehung mit Gott zu haben.
3. Dem Menschen sind von Natur aus Gefühle gegeben, und alles, was er tut, schließt sein Gefühl mit ein.
4. Aufgrund unterschiedlichen Temperaments wird nicht jeder, der durch Glauben Jesus Christus als seinen Herrn annimmt, die gleiche Gefühlserfahrung machen.
   a) Einige werden, wie der Apostel Paulus, ein dramatisches Erlebnis haben.
   b) Andere werden, wie Timotheus, auf eine sehr unauffällige Art und Weise Christ werden.
5. Das christliche Leben wird auf der Grundlage des Glaubens angenommen und erlebt, nicht auf der Grundlage von Gefühlen.
6. Gewißheit beruht auf
   a) dem äußeren Zeugnis, der Autorität des Wortes Gottes (1. Johannes 5, 9–13);
   b) dem inneren Zeugnis, nämlich der Bestätigung durch den Heiligen Geist (Römer 8, 16);
   c) der Veränderung, die in dem Leben eines Menschen stattfindet, wenn er Christus angenommen hat (1. Johannes 2, 3–6).

7. Das Gefühl hat in der Erfahrung des Christen seinen Platz, aber wir sollten es nicht suchen und auch nicht versuchen, vergangene Gefühle zu erneuern.

C. Gewißheit im Glauben schließt den Willen mit ein.

1. Wer nicht bereit ist, der Wahrheit zu gehorchen, der wird die Wahrheit nicht erkennen. Wer nicht im Licht leben will, der kann das Licht nicht sehen (Johannes 7,17; Johannes 3,19–21).
2. Es gibt verschiedene Gründe, warum einige zögern, ihr Leben Christus in einer Willensentscheidung auszuliefern.
   a) Einige haben Angst, daß er ihre Pläne durchkreuzt und ihrem Leben allen Spaß nimmt. Sie erkennen nicht, wie sehr Jesus sie liebt und wie sehr er nur das Beste für sie sucht.
   b) Einige zögern aufgrund ihres intellektuellen Stolzes oder ihres Eigenwillens.
   c) Einige haben Angst, daß sie ihren ganzen Besitz aufgeben müssen.
   d) Einige haben einfach davor Angst, ihr ganzes Leben Gott anzuvertrauen.
3. Durch vorsätzliche Sünde können Zweifel an der Echtheit des Glaubens an Christus entstehen.
4. Satan kann uns betrügen und unseren Willen negativ beeinflussen.

III. Zusammenfassung: Wie können wir nun Jesus Christus als Herrn annehmen und die Gewißheit darüber haben, daß er in unserem Leben ist?

A. Zuerst muß man einige grundsätzliche

Wahrheiten erkennen.

1. Gott liebt Sie und hat Sie geschaffen, damit Sie eine persönliche Beziehung zu ihm haben können (Johannes 3,16; 10,10; 17,3).
2. Die Gemeinschaft mit Gott ist durch die Sünde des Menschen zerstört. Deshalb kann er seine Liebe nicht erfahren (Römer 3,23; Jesaja 59,2).
3. Jesus Christus ist Gottes einziger Ausweg aus der Sünde des Menschen. Durch ihn können Sie eine persönliche Beziehung zu Gott finden (1. Petrus 3,18; Römer 5,8; Johannes 14,6).
4. Wir können eine persönliche Beziehung zu Gott finden, indem wir Jesus Christus als unseren Herrn und Erlöser annehmen (Johannes 1,12; Offenbarung 3,20).

B. Es reicht nicht aus, Jesus Christus bloß mit Worten in das Leben einzuladen.
Wir müssen Glauben haben; vertrauen Sie darauf, daß er gemäß seiner Verheißung in Ihr Leben kommen wird (Epheser 2,8.9).

1. Denken Sie daran, daß der, dem Sie Ihr Leben anvertrauen, nicht nur ein Mensch ist, sondern Gott.
2. Wenn Sie Christus einmal in Ihr Leben eingeladen haben, brauchen Sie ihn nicht immer wieder darum zu bitten. Dadurch beleidigen Sie ihn und handeln gegen das Prinzip des Glaubens.

C. Verlassen Sie sich nicht auf Ihr Gefühl. Unsere Autorität sind die Verheißungen im Wort Gottes, nicht unsere Gefühle.

Bibelstudium

1. Wer ist, den folgenden Bibelstellen entsprechend, Jesus Christus? (Markus 14,61–62; Johannes 10,30; Johannes 14,6).

____

____

2. Was hat er für unsere Sünden getan, das von keinem anderen getan werden konnte? (1. Petrus 2,24)

____

____

3. Welche Bedeutung hat für uns die Auferstehung Christi von den Toten? (1. Korinther 15,14–20)

____

____

4. Ist die Erlösung eine Folge von guten Werken? (Epheser 2,8–9)

____

Wie wird Erlösung erlangt?

____

5. Welche Menschen werden nach Johannes 1,12–13 geistlich in die Familie Gottes hineingeboren?

____

____

6. Lesen Sie 1. Johannes 5,9–13.
   a) Wo findet man nach dieser Aussage ewiges Leben?

   ___

   b) Was ist damit verbunden, wenn jemand Christus als seinen Herrn annimmt?

   ___

   c) Wissen Sie, daß Sie ewiges Leben haben?

   ___

   d) Auf welcher Grundlage?

   ___

7. Wer kann Sie von Jesus Christus trennen? (Johannes 10,27–29)

   ___

   ___

8. Was kann Sie von Jesus Christus trennen? (Römer 8,38–39)

____

____

9. Was verspricht uns Gott in Römer 8,28–29 in bezug auf schwierige Situationen?

____

____

10. Führen Sie einiges auf, was Jesus durch seinen Tod für Sie errungen hat. (Kolosser 2,13–15; Johannes 19,30)

____

____

Verbindliche Mitarbeit

Wollen Sie mit dazu beitragen, daß der Missionsbefehl in unserer Generation ausgeführt wird? Dann werden Sie verbindlicher Mitarbeiter am Missionsauftrag. Wir bitten Gott, fünf Millionen Männer und Frauen zuzurüsten, die bereit sind, sich ganz Jesus Christus auszuliefern und seinem Befehl entsprechend die gute Nachricht von der Liebe und Vergebung Gottes in alle Welt zu tragen. Wenn Sie verbindlicher Mitarbeiter am Missionsauftrag werden wollen, dann verpflichten Sie sich Jesus Christus, nicht Campus für Christus oder einer anderen Organisation. Sie können Anleitung erhalten, wie man das erfüllte Leben in Christus erfährt, wie man es anderen mitteilt und wie man eine persönliche Strategie entwickelt, um mitzuhelfen, die Welt dadurch zu verändern, daß Menschen zu Jesus geführt und durch ihn umgestaltet werden. Ihre verbindliche Mitarbeit am Missionsauftrag wird Ihnen selbst, Ihrer Gemeinde, dem Reich Gottes und nicht zuletzt der Welt von Nutzen sein.

Wenn Sie verbindlich am Missionsauftrag mitarbeiten wollen, trennen Sie bitte den dafür vorgesehenen Abschnitt heraus und senden Sie ihn ausgefüllt zurück. Wir werden Sie dann weiter darüber informieren, wie Sie entscheidend mit dazu beitragen können, daß der Missionsauftrag in unserer Generation erfüllt wird.

Mitteilbare Konzepte

- Gewißheit im Glauben –
  Wie erfährt man das?
- Gottes Liebe und Vergebung –
  Wie erfährt man das?
- Erfüllt vom Heiligen Geist –
  Wie erfährt man das?
- Beständiges Leben im Heiligen Geist –
  Wie lernt man das?
- Wirksames Zeugnis –
  Wie macht man das?
- Andere zu Jesus führen –
  Wie macht man das?
- Mitarbeit am Missionsauftrag –
  Wie macht man das?
- Andere durch Glauben lieben –
  Wie lernt man das?
- Wirksames Gebet –
  Wie lernt man das?

Bitte senden Sie den nebenstehenden Abschnitt ausgefüllt zurück.

Zum weiteren Bibelstudium empfehlen wir:

10 Schritte zur geistlichen Reife

Einführung
Die Einzigartigkeit Jesu Christi

Schritt 1
Das Abenteuer des christlichen Lebens

Schritt 2
Erfülltes Leben mit Jesus Christus

Schritt 3
Das Wirken des Heiligen Geistes

Schritt 4
Siegreiches Gebet

Schritt 5
Gott redet durch sein Wort

Schritt 6
Geistliches Wachstum durch Gehorsam

Schritt 7
Der Christ und sein Zeugnis

Schritt 8
Leben aus der Verantwortung

Schritt 9
Höhepunkte im Alten Testament

Schritt 10
Höhepunkte im Neuen Testament

Preis pro Heft	DM 2,50
Preis pro Serie (11 Hefte)	DM 22,00
ab 10 Hefte von einer Sorte pro Heft	DM 2,20

Information

- ☐ Bitte schicken Sie mir nähere Auskunft darüber, wie ich Christ werden kann.
- ☐ Ich habe Christus als meinen persönlichen Herrn angenommen und möchte gern darüber informiert werden, wie ich ein erfülltes Leben im Glauben führen kann.
- ☐ Ich möchte verbindlich am Missionsauftrag mitarbeiten. Bitte schicken Sie mir weitere Informationen.

Absender:

____

Vor- und Zuname

____

Straße

____

Postleitzahl — Ort

Bitte in einen Umschlag stecken und senden an:

Deutschland
Hänssler-Verlag
Postfach 1220
D-7303 Neuhausen-Stuttgart

Schweiz
Schwengeler-Verlag
Rosenberg
CH-9442 Berneck

Materialbestellung

☐ Bitte schicken Sie mir _____ Exemplare der folgenden Mitteilbaren Konzepte:

____
Anzahl Titel

____
Anzahl Titel

____
Anzahl Titel

☐ Bitte schicken Sie mir die folgenden _____ Exemplare aus der Bibelstudienserie »10 Schritte zur geistlichen Reife«:

____
Anzahl Titel

____
Anzahl Titel

____
Anzahl Titel

☐ Bitte schicken Sie mir _____ Satz/Sätze der 9 Mitteilbaren Konzepte.

☐ Bitte schicken Sie mir _____ Serie(n) der »10 Schritte zur geistlichen Reife«.

☐ Bitte schicken Sie mir eine Liste über weiteres Arbeitsmaterial.